Quirit

22 Spieler, ...1 Ball!

ACHTERBAHN

Die Deutsche Bibliothek - CIP-Einheitsaufnahme

Quirit:
22 Spieler, 1 Ball
1. Auflage 2000 - Kiel: Achterbahn AG
ISBN 3-89719-157-1

Achterbahn AG
Werftbahnstraße 8, 24143 Kiel
www.achterbahn.de

Printed in Belgium

1. Auflage 2000
ISBN 3-89719-157-1

Es begann mit einer unschuldigen Umarmung nach dem 5 zu 0.

Wenn weibliche Fußballspieler Tore feiern.

Nach Olivers Freudenausbruch war er plötzlich ein Mädchen.

Der Betreuer hatte die Hosen vergessen. Verschiedene
Lösungen wurden in Erwägung gezogen.

Kurz vor dem Anpfiff entstand eine heftige Diskussion.

Es war allgemein bekannt, dass Oliver B. sein Kapitäns-
band abends an anderen Stellen trug.

Und wieder bewies der gegnerische Stürmer seinen unschätzbaren Wert.

Raffiniert versuchte der Torwart den Elfmeterschützen
in seiner Konzentration zu stören.

SCHIESS!
SCHIESS!
KLICK
QUIRIT

Trotz der strengen Kontrolle wurde einer der Spieler verletzt.

Es klingt sonderbar, doch durch Luigis Mut ließ sich mancher Freistoßschütze dazu verleiten, nicht auf das Tor zu schießen.

Auch das ägyptische Team kam zur Eröffnungsfeier.

ANZEIGE MACHEN? WIESO?
TROTZ BESTECHUNG DER GEGNERISCHEN MANNSCHAFT HABEN SIE VERLOREN.
QUIRIT

IHRE POSITION ALS TRAINER HIER BEI DIESEM CLUB STEHT KEINESWEGS ZUR DISKUSSION. VERTRAUEN SIE MIR!
QUIRIT

Also, Jungs. Dieses Spiel wird hart. Beinhart. Aber ihr könnt es. Ich weiß es. Ihr seid richtige Kerle ... Mein Gott, was für einen Unsinn rede ich hier? Ihr könnt mich alle mal.

Die Transferpolitik des Clubs war eine Katastrophe.

Alles, wirklich alles, war im Club darauf ausgerichtet, den Teamgeist zu fördern.

VIELLEICHT HABEN WIR DEM SCHIEDSRICHTER ZUVIEL GELD VERSPROCHEN.
QUIRIT

Mann, war das eine Siegesfeier!

Trainer mit vorteilhafter Kündigungsklausel im Vertrag.

Der Club erhoffte sich viel von dem neuen Stürmer.

Der Linksaußen wurde beim Trikottausch meistens gemieden.

Die Jungens konnten zwar nicht Fußball spielen,
aber sie hatten ein Herz aus Gold.

Einige gehen als Letzte aufs Feld, andere tragen immer dieselbe Unterhose. Aber Olaf ...!

Auch dem Torwart wurde mangelnde Konzentration vorgeworfen.

Nach diesem Vorfall wurde das Feld mit Metalldektoren nach weiteren rostigen Nägeln abgesucht.

Vergeblich versuchte Lothar einen Strafstoß zu provozieren.

Aufgrund acht ernsthaft verletzter Spieler ging man (voreilig) davon aus, dass der falsche Masseur durch den nächsten Cup-Gegner engagiert worden war. Doch es ging lediglich um einen unzufriedenen Fan.

Olafs Tor weckte nicht nur bei mehreren Top-Clubs Interesse.
Auch Playgirl war an ihm interessiert.

Der 1. FC Bayern hatte eine ausgezeichnete Nachwuchspolitik.

Wie üblich naschte Klein-Dirk abends von Papas Smarties.

Trotz der Kameraaufzeichnungen konnte hinterher nicht festgestellt werden, wer die Bleiattrappe auf den Elfmeterpunkt gelegt hatte.

WAS MEINST DU ? WIRD UNSER STÜRMER MORGEN SPIELFÄHIG SEIN ?
QUIRIT

Wovon Fussballtrainer träumen.

UND WAS HAT DEIN MANN GESAGT?
DASS ER MIT DIR IM FUSSBALLSTADION IST.
QUIRIT

FAHR' GEFÄLLIGST AN DEINE EIGENE BOX.
ICH FIND' DEN SERVICE ABER HIER BESSER.
14
QUIRIT

LASS' DEN BLÖDSINN, KARL!
K
OMM
REINF
ÜREINEN
BOXENSTOP
+3.6
GO
QUIRIT

EIN GUTER ATHLET, ABER ER HAT HÖHENANGST.
QUIRIT

Erich war Extremsportler.

... eine kurze Einführung
in das Frauenjudo.

Yuko!
QUIRIT

Koka!
QUIRIT

Schumi verlor viel Zeit bei seinem Boxenstopp.

QUIRIT auf der Achterbahn

Achselschweiß und Sonnenstich!
14,80 DM
44 Seiten, farbig,
ISBN 3-89719-154-7

Verheiratet sein ist...
14,80 DM
44 Seiten, farbig,
ISBN 3-89719-151-2

Es muß nicht immer Sex sein!
14,80 DM
44 Seiten, farbig,
ISBN 3-89719-153-9

Mann, bist du blöd!
14,80 DM
44 Seiten, farbig,
ISBN 3-89719-156-3

Mobbing, Meeting, Manager!
14,80 DM
44 Seiten, farbig,
ISBN 3-89719-155-5

Spaß in der Ehe!
14,80 DM
44 Seiten, farbig,
ISBN 3-89719-152-0